Impressum
Verlag: BABADADA GmbH, Nedderfeld 112 , 22529 Hamburg
Geschäftsführer / Verlagsleitung: Harald Hof
Druck: Books on Demand GmbH, In de Tarpen 42, 22848 Norderstedt

Imprint
Publisher: BABADADA GmbH, Nedderfeld 112 , 22529 Hamburg, Germany
Managing Director / Publishing direction: Harald Hof
Print: Books on Demand GmbH, In de Tarpen 42, 22848 Norderstedt, Germany

la escuela
mokykla

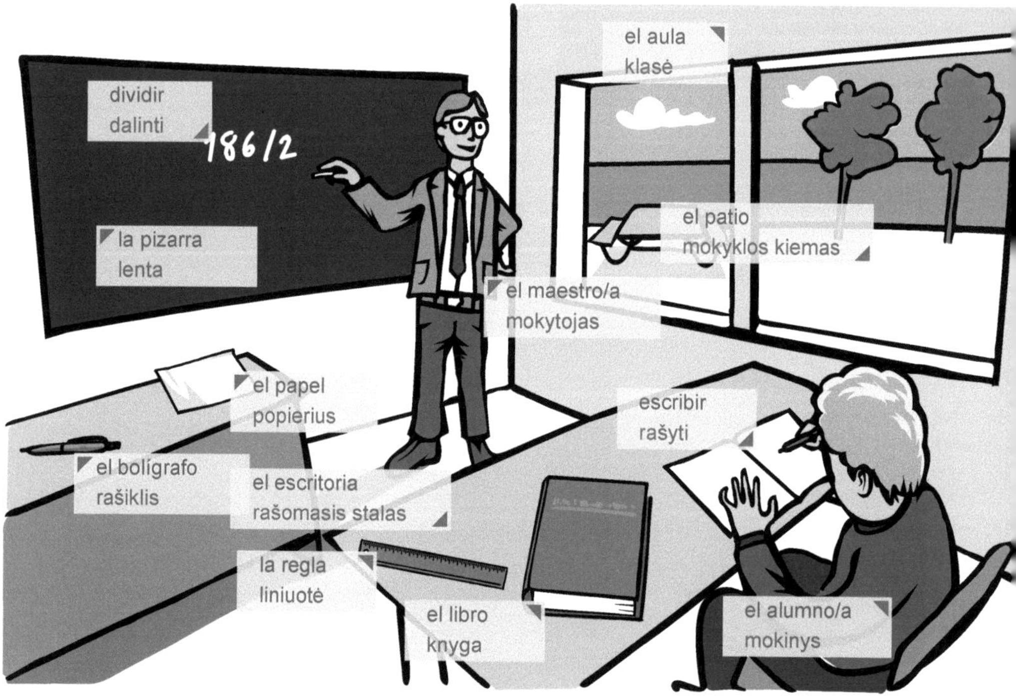
el aula
klasė
dividir
dalinti
186/2
la pizarra
lenta
el patio
mokyklos kiemas
el maestro/a
mokytojas
el papel
popierius
escribir
rašyti
el bolígrafo
rašiklis
el escritoria
rašomasis stalas
la regla
liniuotė
el libro
knyga
el alumno/a
mokinys

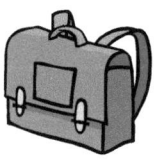

la cartera
kuprinė

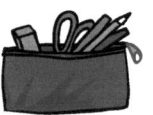

la caja de lápices
penalas

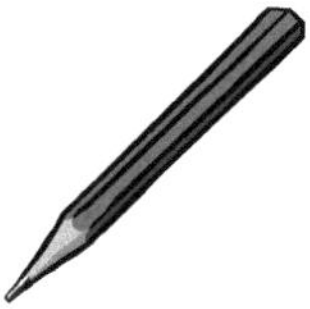

el lápiz
pieštukas

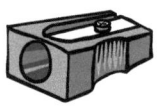

el sacapuntas
drožtukas

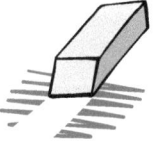

la goma de borrar
trintukas

el cuaderno de dibujo
piešimo bloknotas

el dibujo

piešinys

el pincel

teptukas

la caja de pinturas

dažų dėžutė

las tijeras

žirklės

el pegamento

klijai

el cuaderno de ejercicios

vadovėlis

los deberes

namų darbai

el número

numeris

sumar

pridėti

restar

atimti

multiplicar

dauginti

calcular

skaičiuoti

la letra

raidė

el alfabeto

abėcėlė

la palabra

žodis

el texto

tekstas

leer

skaityti

la tiza

kreida

la lección

pamoka

el cuaderno de notas

dienynas

el examen

egzaminas

el certificado

pažymėjimas

el uniforme

mokyklinė uniforma

la educación

išsilavinimas

la enciclopedia

enciklopedija

la universidad

universitetas

el microscopio

mikroskopas

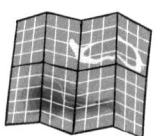

el mapa

žemėlapis

la papelera

šiukšliadėžė

el viaje
kelionė

el hotel
viešbutis
Grand
el albergue
svečių namai
ROOMS
ficina de cambio de divisas
utos keitykla
la maleta
lagaminas
el coche
mašina

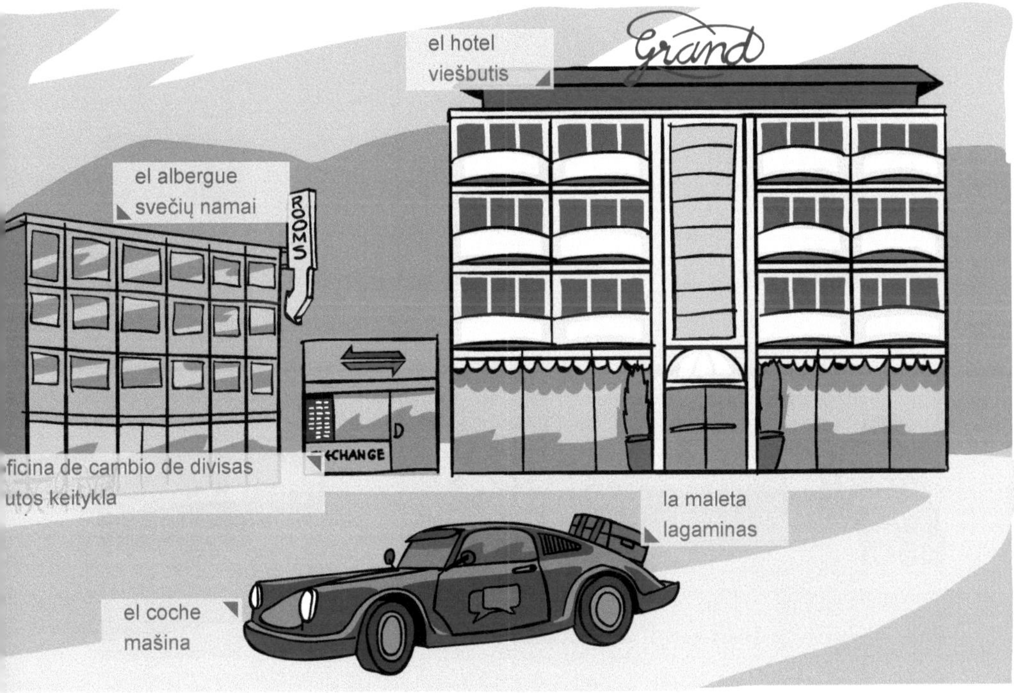

el idioma

kalba

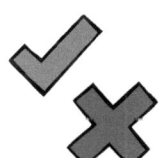

sí / no

taip / ne

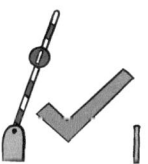

Vale

Gerai

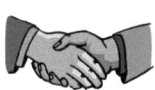

hola

sveiki

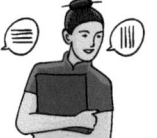

el traductor

vertėjas raštu

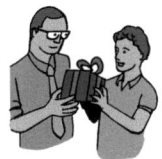

Gracias

Ačiū

¿cuánto es...?
kiek kainuoja...?

No entiendo
aš nesuprantu

el problema
problema

¡Buenas tardes!
Labas vakaras!

¡Buenos días!
Labas rytas!

¡Buenas noches!
Labos nakties!

adiós
viso gero

la dirección
kryptis

el equipaje
bagažas

la bolsa
krepšys

la mochila
kuprinė

el invitado
svečias

la habitación
kambarys

el saco de dormir
miegmaišis

la tienda de campaña
palapinė

la información turística

turizmo informacija

la playa

paplūdimys

la tarjeta de crédito

kreditinė kortelė

el desayuno

pusryčiai

el almuerzo

pietūs

la cena

vakarienė

el billete

bilietas

el ascensor

liftas

el sello

pašto ženklas

la frontera

siena

la aduana

muitinė

la embajada

ambasada

la visa

viza

el pasaporte

pasas

el viaje - kelionė

el transporte
transportas

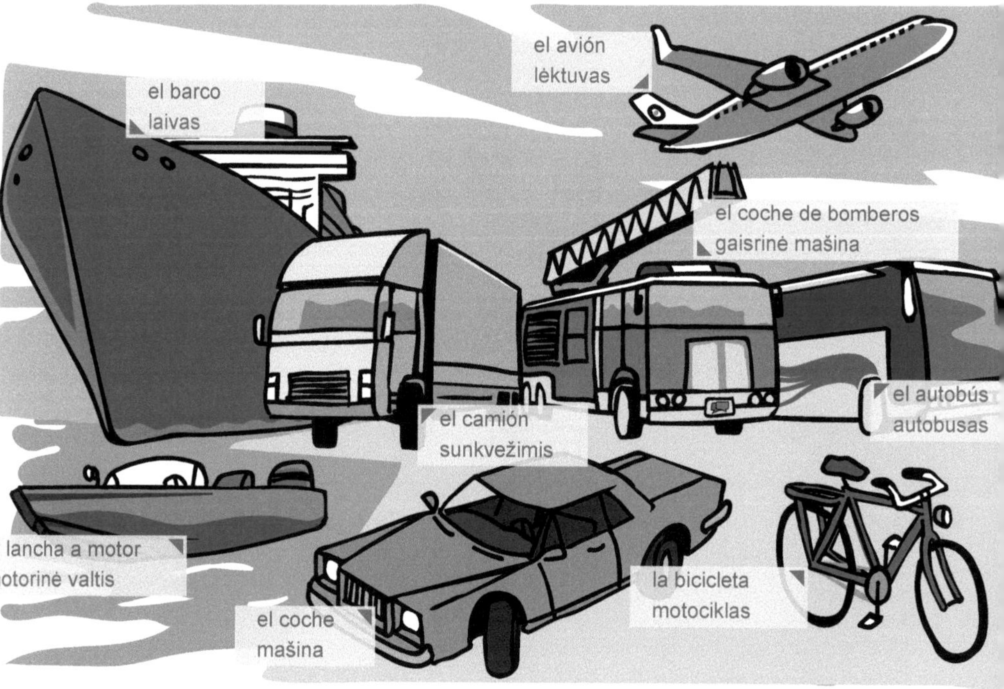
el avión
lėktuvas
el barco
laivas
el coche de bomberos
gaisrinė mašina
el autobús
autobusas
el camión
sunkvežimis
la lancha a motor
motorinė valtis
la bicicleta
motociklas
el coche
mašina

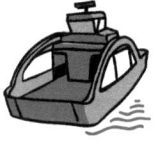

el transbordador

keltas

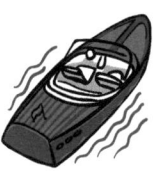

la barca

valtis

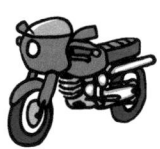

la moto

mopedas

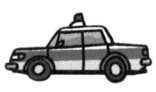

el coche de policía

policijos automobilis

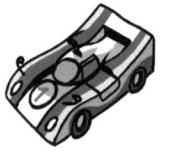

el coche de carreras

lenktyninis automobilis

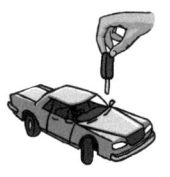

el coche de alquiler

nuomojamas automobilis

el préstamo de vehículos

bendras automobilio
naudojimas

la grúa

techninės pagalbos
automobilis

el camión de la basura

šiukšliavežė

el motor

variklis

la gasolina

degalai

la gasolinera

degalinė

la señal de tráfico

kelio ženklas

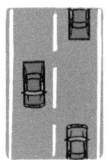

el tráfico

eismas

el atasco

eismo spūstis

el aparcamiento

mašinų stovėjimo aikštelė

la estación de tren

traukinių stotis

las vías

bėgiai

el tren

traukinys

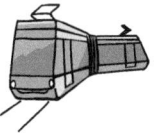

el tranvía

tramvajus

el vagón

vagonas

el helicóptero

sraigtasparnis

el aeropuerto

oro uostas

la torre

bokštas

el pasajero

keleivis

el contenedor

konteineris

la caja de cartón

dėžė

la carretilla

vežimėlis

la cesta

krepšys

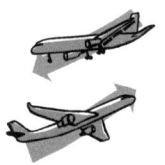

despegar / aterrizar

pakilti / nusileisti

la ciudad

miestas

el pueblo

kaimas

el centro de la ciudad

miesto centras

la casa

namas

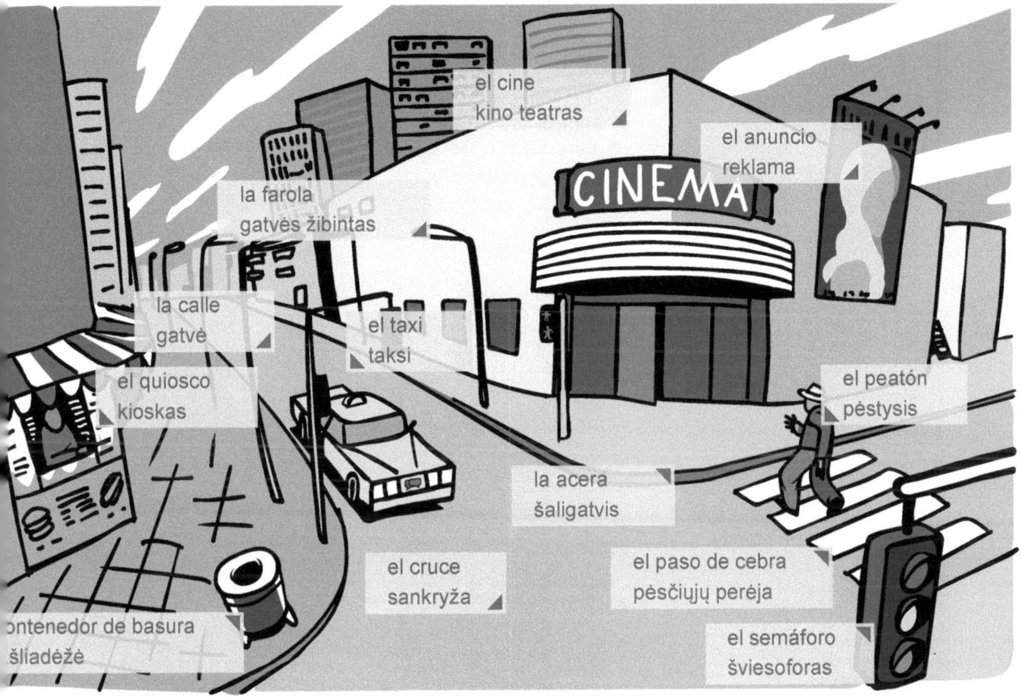

el cine
kino teatras

el anuncio
reklama

la farola
gatvės žibintas

la calle
gatvė

el taxi
taksi

el quiosco
kioskas

el peatón
pėstysis

la acera
šaligatvis

el cruce
sankryža

el paso de cebra
pėsčiųjų perėja

ontenedor de basura
šliadėžė

el semáforo
šviesoforas

la cabaña
trobelė

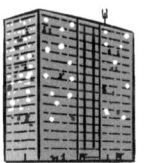

el apartamento
butas

la estación de tren
traukinių stotis

el ayuntamiento
rotušė

el museo
muziejus

la escuela
mokykla

la ciudad - miestas

la universidad

universitetas

el banco

bankas

el hospital

ligoninė

el hotel

viešbutis

la farmacia

vaistinė

la oficina

biuras

la librería

knygynas

la tienda de campaña

parduotuvė

la floristería

gėlių parduotuvė

el supermercado

prekybos centras

el mercado

turgus

los grandes almacenes

universalinė parduotuvė

la pescadería

žuvies parduotuvė

el centro comercial

prekybos centras

el puerto

uostas

la ciudad - miestas

el parque
parkas

el banco
suoliukas

el puente
tiltas

las escaleras
laiptai

el metro
metro

el túnel
tunelis

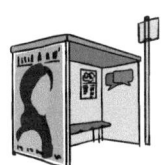

la parada de autobús
autobusų stotelė

el bar
baras

el restaurante
restoranas

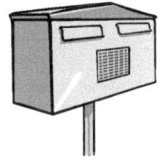

el buzón
lauko pašto dėžutė

el poste indicador
kelio ženklas

el parquímetro
parkomatas

el zoo
zoologijos sodas

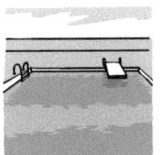

la piscina
baseinas

la mezquita
mečetė

la granja

ūkininko ūkis

la contaminación

tarša

el cementerio

kapinės

la iglesia

bažnyčia

el patio de juego

žaidimų aikštelė

el templo

šventykla

el paisaje
kraštovaizdis

la hoja
lapas

la señal
kelio rodyklė

el camino
kelias

el prado
pieva

la piedra
akmuo

el excursionista
ėjikas

el árbol
medis

el río
upė

la hierba
žolė

la flor
gėlė

el valle

slėnis

la colina

kalva

el lago

ežeras

el bosque

miškas

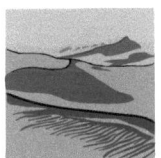

el desierto

dykuma

el volcán

ugnikalnis

el castillo

pilis

el arcoíris

vaivorykštė

el champiñón

grybas

la palmera

palmė

el mosquito

uodas

la mosca

musė

la hormiga

skruzdėlė

la abeja

bitė

la araña

voras

el escarabajo

vabalas

la rana

varlė

la ardilla

voverė

el erizo

ežys

la liebre

kiškis

la lechuza

pelėda

el pájaro

paukštis

el cisne

gulbė

el jabalí

šernas

el ciervo

elnias

el alce

briedis

la presa

užtvanka

la turbina eólica

vėjo jėgainė

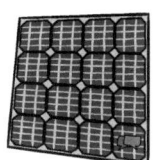

el panel solar

saulės baterija

el clima

klimatas

el restaurante
restoranas

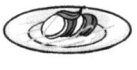

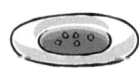

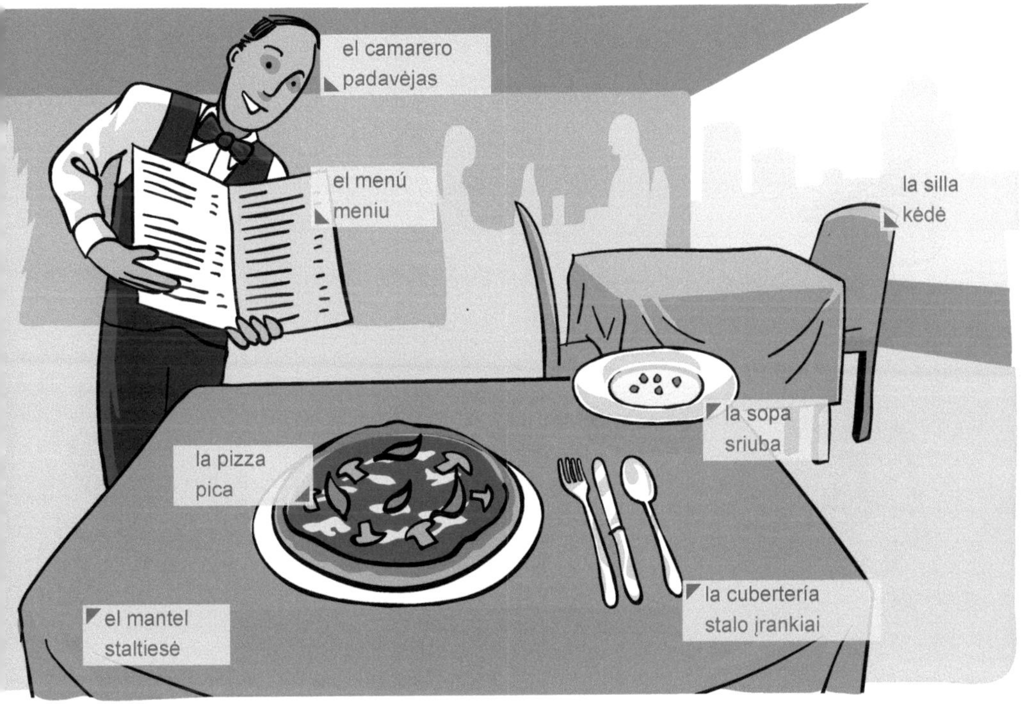

el camarero
padavėjas
el menú
meniu
la silla
kėdė
la sopa
sriuba
la pizza
pica
la cubertería
stalo įrankiai
el mantel
staltiesė

el primer plato

užkandis

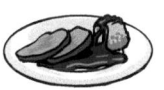

el plato principal

pagrindinis patiekalas

el postre

desertas

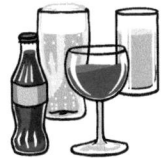

las bebidas

gėrimai

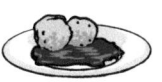

la comida

maistas

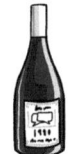

la botella

butelis

la comida rápida

greitai pateikiamas maistas

la comida callejera

gatvės maistas

la tetera

arbatinukas

el azucarero

cukrinė

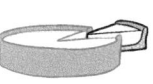

la porción

porcija

la cafetera expreso

espreso aparatas

la trona

aukšta kėdė

la cuenta

sąskaita

la bandeja

padėklas

el cuchillo

peilis

el tenedor

šakutė

la cuchara

šaukštas

la cucharilla

arbatinis šaukštelis

la servilleta

servetėlė

el vaso

stiklinė

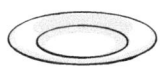

el plato

lėkštė

el plato hondo

sriubos lėkštė

el platillo

padėklas

la salsa

padažas

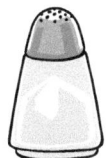

el salero

druskinė

el molinillo de pimienta

pipirų malūnėlis

el vinagre

actas

el aceite

aliejus

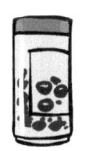

las especias

prieskoniai

el ketchup

kečupas

la mostaza

garstyčios

la mayonesa

majonezas

el supermercado

prekybos centras

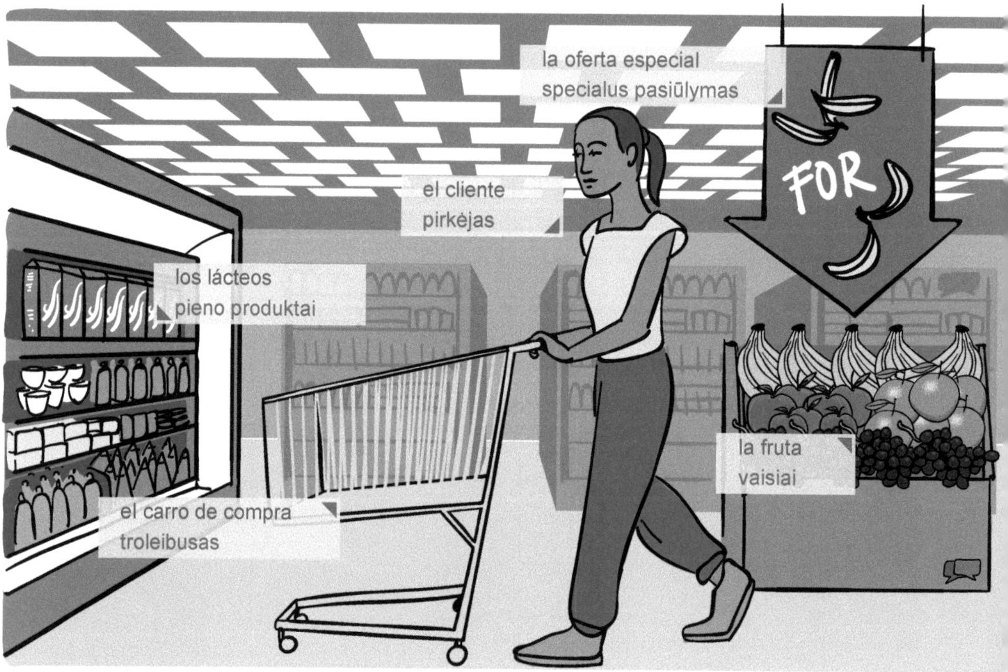

la oferta especial
specialus pasiūlymas
FOR
el cliente
pirkėjas
los lácteos
pieno produktai
la fruta
vaisiai
el carro de compra
troleibusas

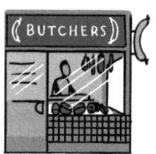

BUTCHERS

la carniceria

mėsos parduotuvė

BAKERY

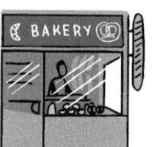

la panadería

kepykla

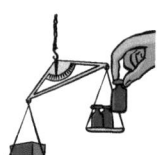

pesar

sverti

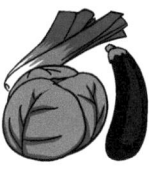

las verduras

daržovės

la carne

mėsa

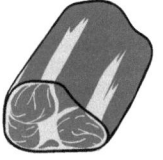

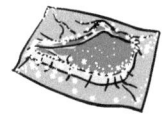

los alimentos congelados

šaldytas maistas

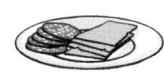

los fiambres

šalti mėsos užkandžiai

las conservas

konservai

el detergente en polvo

skalbimo milteliai

los dulces

saldumynai

productos de uso doméstico

ūkinės prekės

productos de limpieza

valymo priemonės

la vendedora

pardavėja

la caja de cartón

kasos aparatas

el cajero

kasininkas

la lista de la compra

pirkinių sąrašas

el horario de atención al público

darbo valandos

la cartera

piniginė

la tarjeta de crédito

kreditinė kortelė

la bolsa de plástico

maišelis

la bolsa de plástico

plastikinis maišelis

el agua

vanduo

el zumo

sultys

la leche

pienas

la cola

kola

el vino

vynas

la cerveza

alus

el alcohol

alkoholis

el cacao

kakava

el té

arbata

el café

kava

el expreso

espresas

el capuchino

kapučinas

el plátano

bananas

la manzana

obuolys

la naranja

apelsinas

el melón

arbūzas

el limón

citrina

la zanahoria

morka

el ajo

česnakas

el bambú

bambukas

la cebolla

svogūnas

el champiñón

grybas

las avellanas

riešutai

los fideos

makaronai

las espagueti

spagečiai

el arroz

ryžiai

la ensalada

salotos

las patatas fritas

traškučiai

las patatas fritas

keptos bulvės

la pizza

pica

la hamburguesa

mėsainis

el sándwich

sumuštinis

el filete

pjausnys

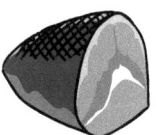

el jamón

kumpis

le salami

saliamis

la salchicha

dešrelė

el pollo

vištiena

el asado

kepsnys

el pescado

žuvis

los copos de avena

avižų dribsniai

el muesli

dribsniai su priedais

los copos de maíz

kukurūzų dribsniai

la harina

miltai

el cruasán

prancūziškasis ragelis

el panecillo

bandelė

el pan

duona

la tostada

skrebutis

las galletas

sausainiai

la mantequilla

sviestas

la cuajada

varškė

el pastel

tortas

el huevo

kiaušinis

el huevo frito

kiaušinienė

el queso

sūris

la comida - maistas

el helado

ledai

el azúcar

cukrus

la miel

medus

la mermelada

uogienė

la crema de turrón

tepamas šokoladas

el curry

karis

la granja
ūkininko ūkis

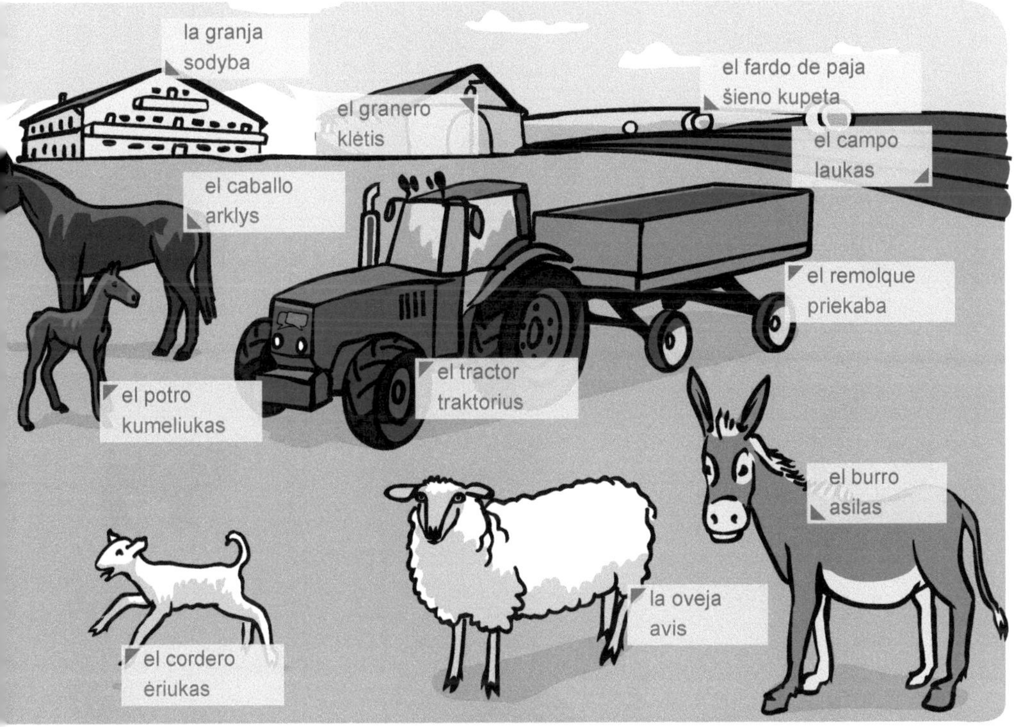
la granja
sodyba
el granero
klėtis
el fardo de paja
šieno kupeta
el campo
laukas
el caballo
arklys
el remolque
priekaba
el tractor
traktorius
el potro
kumeliukas
el burro
asilas
la oveja
avis
el cordero
ėriukas

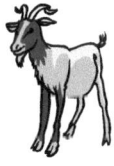

la cabra
ožys

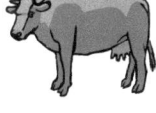

la vaca
karvė

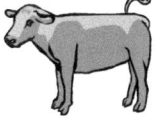

el ternero
veršis

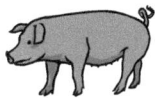

el cerdo
kiaulė

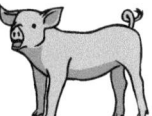

el cerdito
paršelis

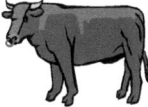

el toro
bulius

el ganso
žąsis

el pato
antis

el pollo
viščiukas

la gallina
višta

el gallo
gaidys

la rata
žiurkė

el gato
katė

el ratón
pelė

el buey
jautis

el perro
šuo

la perrera
šuns būda

la manguera
sodo namas

la regadera
laistytuvas

la guadaña
dalgis

el arado
plūgas

la hoz
pjautuvas

la azada
kauptukas

la horca
šakės

el hacha
kirvis

la carretilla
statinė

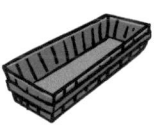

el abrevadero
lovys

la lechera
bidonas

el saco
maišas

la valla
tvora

el establo
arklidė

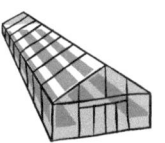

el invernadero
šiltnamis

el suelo
dirva

la semilla
sėkla

el fertilizador
trąšos

la cosechadora
kombainas

cosechar

rinkti

la cosecha

derlius

el ñame

saldžiosios bulvės

el trigo

kviečiai

el soja

soja

la patata

bulvė

el maíz

kukurūzai

la semilla de colza

rapsai

el árbol frutal

vaismedis

la mandioca

manijokas

las cereales

grūdai

la casa
namas

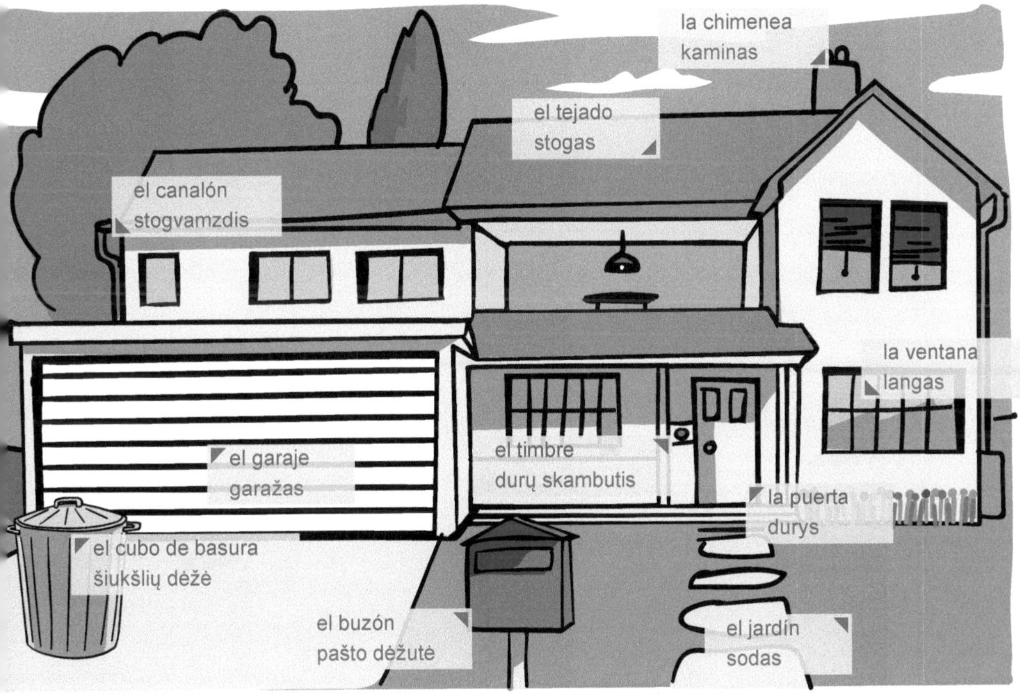

la chimenea
kaminas
el tejado
stogas
el canalón
stogvamzdis
la ventana
langas
el garaje
garažas
el timbre
durų skambutis
la puerta
durys
el cubo de basura
šiukšlių dėžė
el buzón
pašto dėžutė
el jardín
sodas

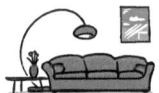

la sala
svetainė

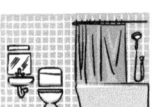

el cuarto de baño
vonios kambarys

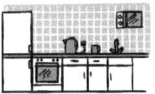

la cocina
virtuvė

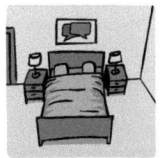

el dormitorio
miegamasis

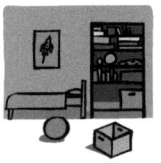

la habitación de los niños
vaiko kambarys

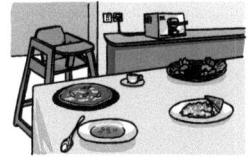

el comedor
valgomasis

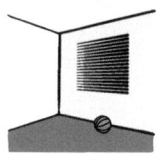

el suelo

grindys

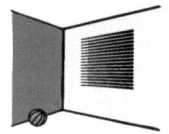

la pared

siena

el techo

lubos

el sótano

rūsys

la sauna

sauna

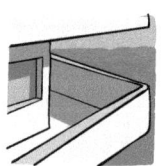

el balcón

balkonas

la terraza

terasa

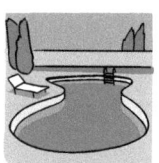

la piscina

baseinas

el cortacésped

žoliapjovė

la sábana

paklodė

la colcha

lovatiesė

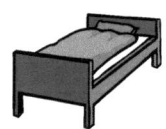

la cama

lova

la escoba

šluota

el balde

kibiras

el interruptor

jungiklis

la sala
svetainė

el papel pintado
tapetai
la imagen
nuotrauka
la lámpara
šviestuvas
el estante
lentyna
el armario
spintelė
la televisión
televizorius
la chimenea
židinys
la flor
gėlė
el cojín
pagalvėlė
el sofá
sofa
el jarrón
vaza
el mando a distancia
nuotolinio valdymo pultelis

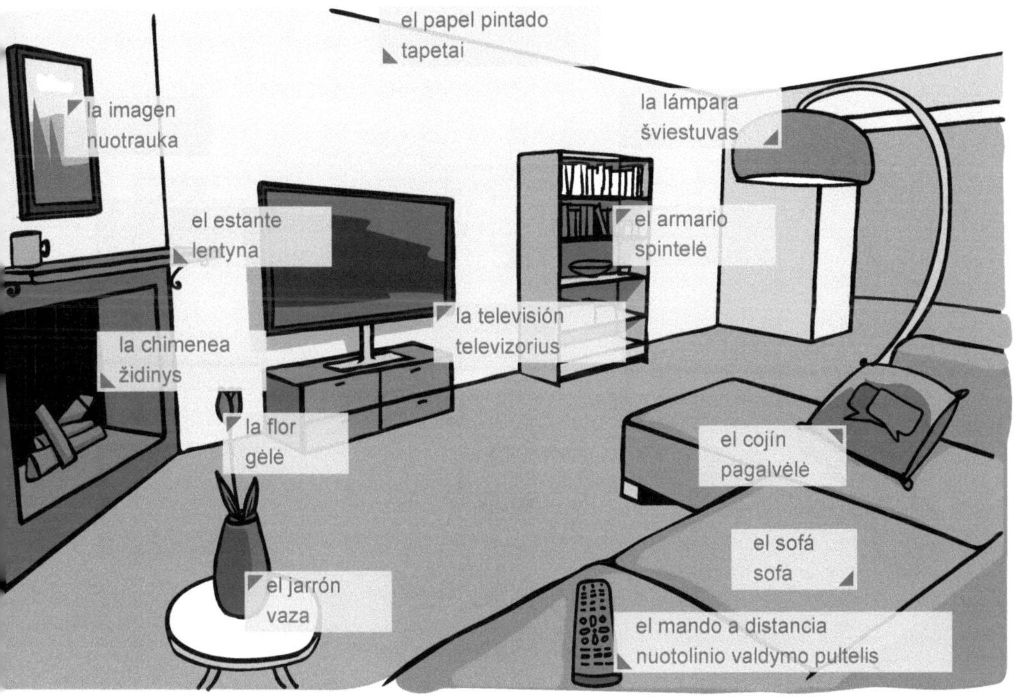

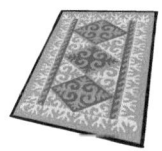

la alfombra
....
kilimas

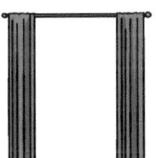

la cortina
....
užuolaida

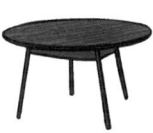

la mesa
....
stalas

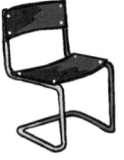

la silla
....
kėdė

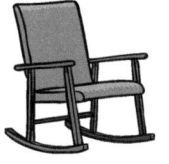

el mecedora
....
supamasis krėslas

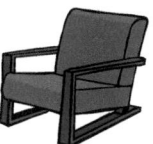

la butaca
....
fotelis

el libro

knyga

la manta

antklodė

la decoración

papuošimai

la leña

malkos

la película

filmas

el equipo de música

stereo aparatūra

la llave

raktas

el periódico

laikraštis

la pintura

paveikslas

el póster

plakatas

la radio

radijas

el cuaderno

užrašų knygelė

la aspiradora

dulkių siurblys

el cactus

kaktusas

la vela

žvakė

la cocina
virtuvė

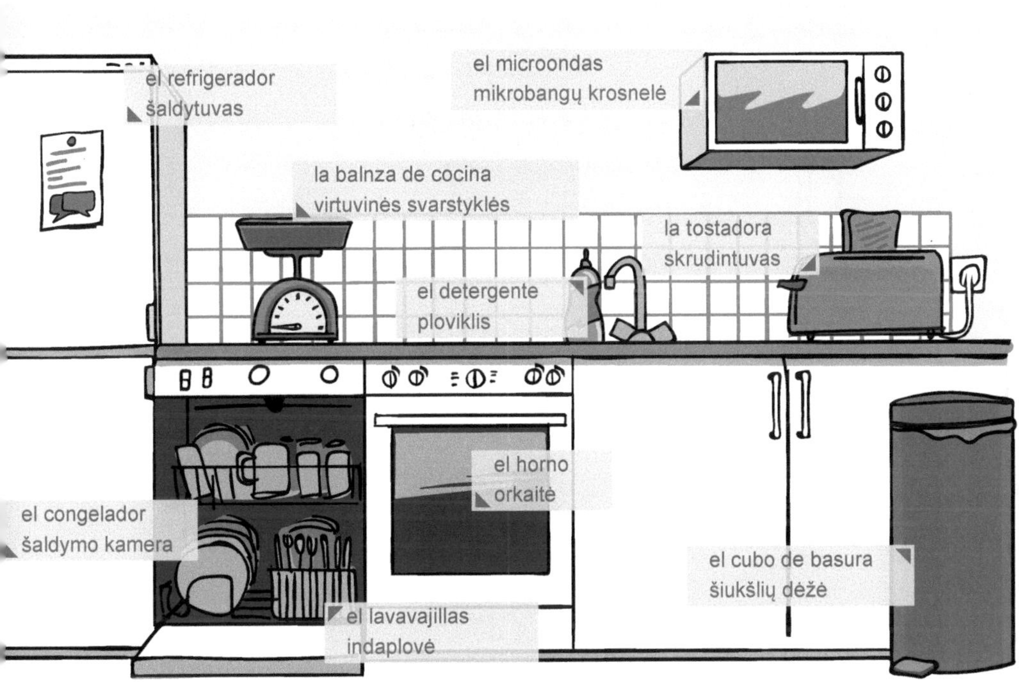
el refrigerador
šaldytuvas
el microondas
mikrobangų krosnelė
la balnza de cocina
virtuvinės svarstyklės
la tostadora
skrudintuvas
el detergente
ploviklis
el horno
orkaitė
el congelador
šaldymo kamera
el cubo de basura
šiukšlių dėžė
el lavavajillas
indaplovė

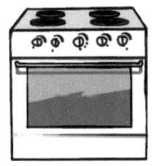

la olla a presión
viryklė

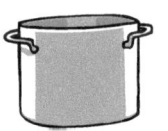

la olla
puodas

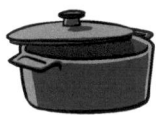

la olla de hierro fundido
ketaus puodas

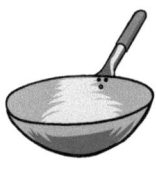

el wok
„wok“ keptuvė

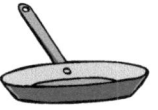

la cazuela
keptuvė

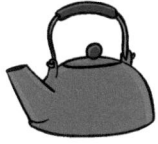

el hervidor
virdulys

la vaporera

garų puodas

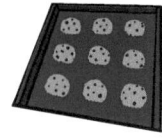

la chapa de horno

kepimo skarda

la vajilla

porceliano indai

la taza

puodelis

el tazón

dubuo

los palillos

valgomosios lazdelės

el cucharón

samtis

la espumadera

mentelė

el batidor

plaktuvas

el colador

koštuvas

el cedazo

sietas

el rallador

trintuvė

el mortero

grūstuvė

la barbacoa

kepsninė

la hoguera

atvira liepsna

la tabla de picar

pjaustymo lentelė

el rodillo

kočėlas

el sacacorchos

kamščiatraukis

la lata

skardinė

el abrelatas

skardinių atidarytuvas

el agarrador

puodkėlė

el lavabo

kriauklė

el cepillo

šepetys

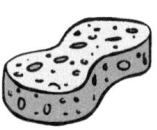

la esponja

kempinė

la batidora

trintuvas

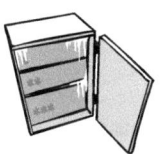

el congelador

šaldiklis

el biberón

kūdikių buteliukas

el grifo

čiaupas

la cocina - virtuvė

el cuarto de baño
vonios kambarys

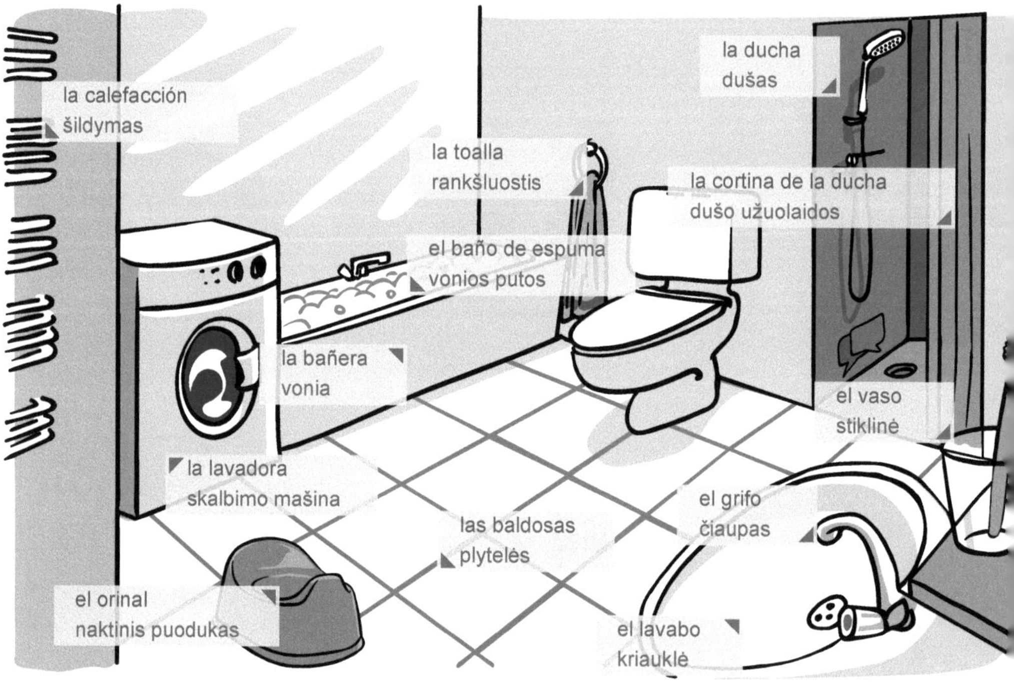

la calefacción
šildymas
la ducha
dušas
la toalla
rankšluostis
la cortina de la ducha
dušo užuolaidos
el baño de espuma
vonios putos
la bañera
vonia
el vaso
stiklinė
la lavadora
skalbimo mašina
el grifo
čiaupas
las baldosas
plytelės
el orinal
naktinis puodukas
el lavabo
kriauklė

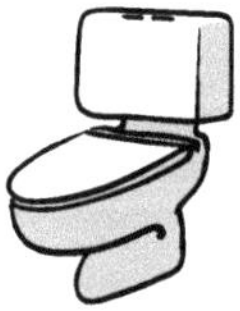

el inodoro

unitazas

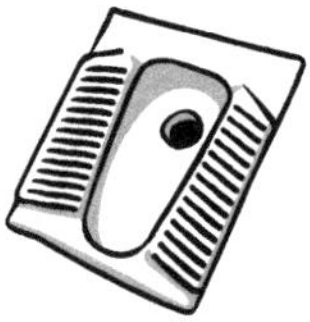

el inodoro rústico

tupimasis unitazas

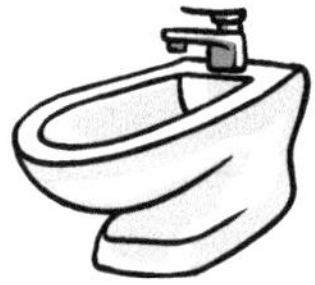

el bidé

bidė

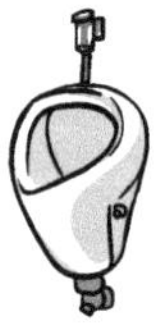

el urinario

pisuaras

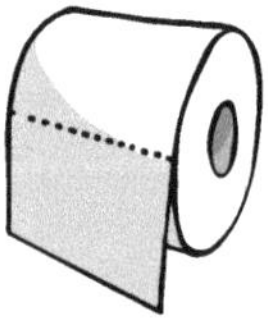

el papel higiénico

tualetinis popierius

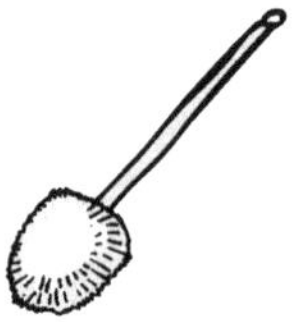

la escobilla del váter

unitazo šepetys

el cepillo de dientes
dantų šepetėlis

la pasta de dientes
dantų pasta

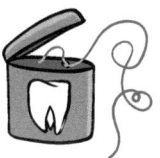
el hilo dental
dantų siūlas

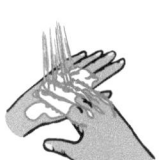
lavar
plauti

la ducha de mano
dušo galvutė

la ducha íntima
higieninis dušas

la pila
praustuvas

el cepillo de espalda
nugaros plaušinė

el jabón
muilas

el gel de ducha
dušo želė

el champú
šampūnas

la toallita
plaušinė

el desagüe
kanalizacija

la crema
kremas

el desodorante
dezodorantas

el espejo

veidrodis

el espejo de tocador

veidrodėlis

la maquinilla de afeitar

skustuvas

la espuma de afeitar

skutimosi putos

la loción postafeitado

losjonas po skutimosi

el peine

šukos

el cepillo

šepetys

el secador

plaukų džiovintuvas

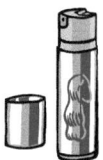

la laca

plaukų lakas

el maquillaje

makiažas

el pintalabios

lūpdažis

el pintauñas

nagų lakas

el algodón

vata

el cortauñas

žirklutės nagams

el perfume

kvepalai

el estuche de viaje

maišelis skalbiniams

la banqueta

taburetė

la balanza

svarstyklės

el albornoz

chalatas

los guantes de goma

guminės pirštinės

el tampón

tamponas

la compresa

higieninis įklotas

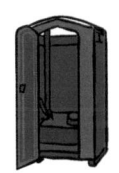

el inodoro químico

biotualetas

la habitación de los niños

vaiko kambarys

el despertador
žadintuvas
el peluche
pliušinis žaislas
el coche de juguete
žaislinė mašinėlė
el sonajero
barškutis
la casa de muñecas
lėlės namelis
el regalo
dovana

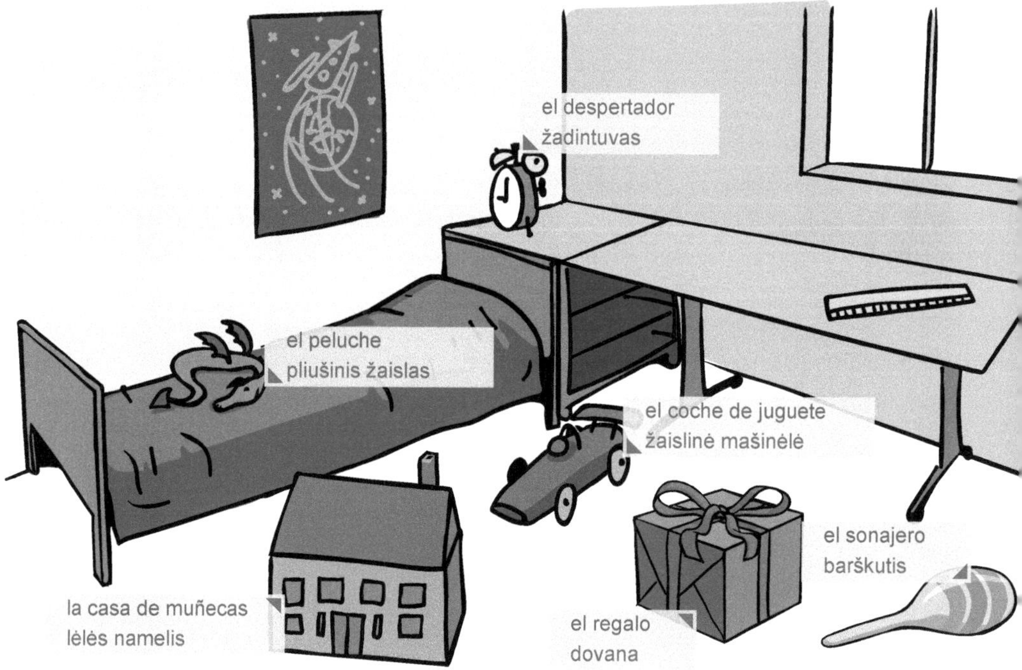

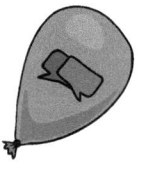

el globo
balionas

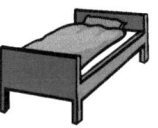

la cama
lova

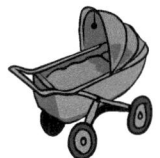

el coche de niño
vaikiškas vežimėlis

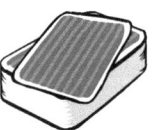

los naipes
kortų malka

el puzle
delionė

SUPER
MEGA

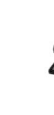

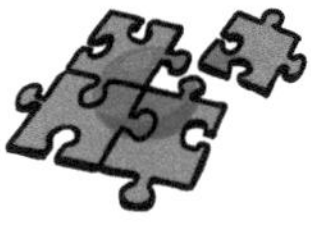

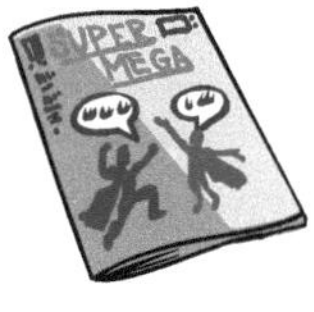

el tebeo
komiksai

las piezas de lego

lego kaladėlės

los bloques de juguete

žaislinės kaladėlės

la figura de acción

figūrėlė

el bodi (de bebé)

šliaužtinukai

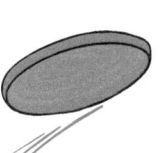

el frisbee

mėtymo lėkštė

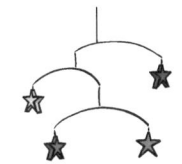

el colgador móvil para bebés

karuselė

el juego de mesa

stalo žaidimas

los dados

kauliukai

el circuito de tren eléctrico

žaislinis traukinys

el maniquí

žindukas

la fiesta

vakarėlis

el álbum de fotos

paveiksliukų knygelė

la pelota

kamuolys

la muñeca

lėlė

jugar

žaisti

el cajón de arena

smėlio dėžė

el columpio

sūpynės

los juguetes

žaislai

la videoconsola

žaidimų konsolė

el triciclo

triratukas

el oso de peluche

meškiukas

la guardarropa

drabužių spinta

la ropa
drabužis

los calcetines

kojinės

las medias

kojinės virš kelių

los leotardos

pėdkelnės

la bufanda
šalikas

el cinturón
diržas

el paraguas
skėtis

la camiseta
marškinėliai

las botas
ilgaauliai batai

las zapatillas
šlepetės

las deportivas
sportbačiai

las sandalias
sandalai

los zapatos
batai

las botas de goma
guminiai batai

el slip
trumpikės

el sostén
liemenėlė

el chaleco
liemenė

el bodi

glaustinukė

los pantalones cortos

kelnės

los vaqueros

džinsai

la falda

sijonas

la blusa

palaidinė

la camisa

marškiniai

el jersey

megztinis

el suéter

megztinis su gobtuvu

el blazer

švarkelis

la chaqueta

švarkas

el abrigo

paltas

la gabardina

lietpaltis

el traje

kostiumas

el vestido

suknelė

el vestido de novia

vestuvinė suknelė

el traje

kostiumas

el camisón

naktiniai marškiniai

el pijama

pižama

el sati

saris

el bandana

skarelė

el turbante

tiurbanas

la burka

burka

el caftán

kaftanas

la abaya

abaja

el traje de baño

maudymosi kostiumėlis

el bañador

glaudės

los pantalones cortos

šortai

el chándal

sportinis kostiumas

el delantal

prijuostė

los guantes

pirštinės

el botón

saga

las gafas

akiniai

el brazalete

apyrankė

el collar

vėrinys

el anillo

žiedas

el pendiente

auskaras

la gorra

kepurė

la percha

pakabas

el sombrero

skrybėlė

la corbata

kaklaraištis

la cremallera

užtrauktukas

el casco

šalmas

los tirantes

breketai

el uniforme

mokyklinė uniforma

el uniforme

uniforma

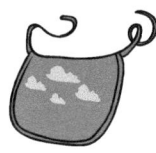

el babero

seilinukas

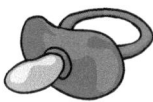

el maniquí

žindukas

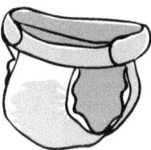

el pañal

vystyklai

la oficina
biuras

el servidor
serveris
el archivo
dokumentų spinta
la impresora
spausdintuvas
el papel
popierius
el monitor
vaizduoklis
el ratón
pelė
el escritoria
rašomasis stalas
la carpeta
aplankas
el teclado
klaviatūra
la papelera
šiukšliadėžė
el ordenador
kompiuteris
la silla
kėdė

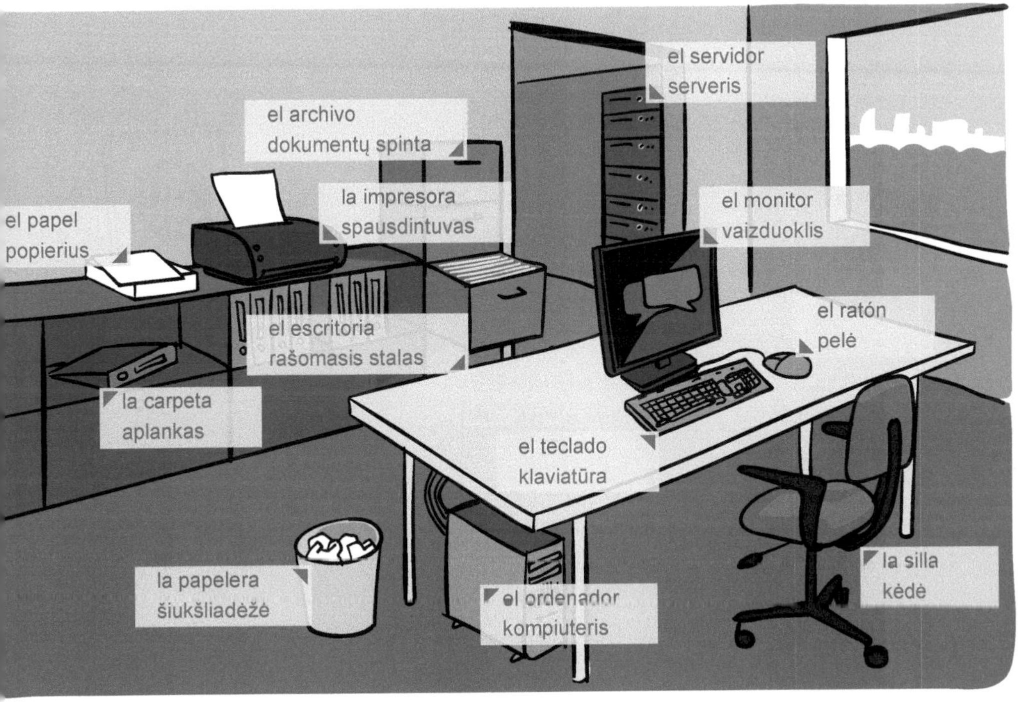

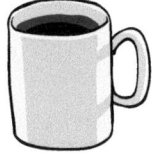

la taza de café

kavos puodelis

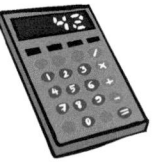

la calculadora

kalkuliatorius

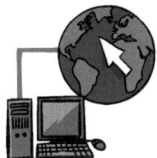

el internet

internetas

el portátil

nešiojamasis kompiuteris

la carta

laiškas

el mensaje

žinutė

el móvil

mobilusis telefonas

la red

tinklas

la fotocopiadora

fotokopijavimo aparatas

el software

programinė įranga

el teléfono

telefonas

la toma de corriente

kištukinis lizdas

el fax

faksas

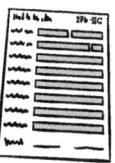

el formulario

forma

el documento

dokumentas

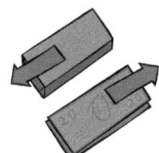

comprar

pirkti

pagar

mokėti

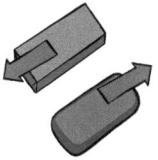

comerciar

prekiauti

el dinero

pinigai

el dólar

doleris

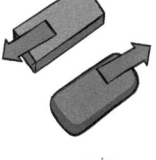

el euro

euras

el yen

jena

el rublo

rublis

el franco suizo

Šveicarijos frankas

el renminbi yuan

juanis

la rupia

rupija

el cajero automático

bankomatas

la oficina de cambio de divisas
....
valiutos keitykla

el oro
....
auksas

la plata
....
sidabras

el petróleo
....
nafta

la energía
....
energija

el precio
....
kaina

el contrato
....
sutartis

el impuesto
....
mokestis

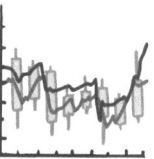

la acción
....
akcijos

trabajar
....
dirbti

el empleador
....
darbuotojas

el empleador
....
darbdavys

la fábrica
....
gamykla

la tienda de campaña
....
parduotuvė

el agente de policía
policininkas

el bombero
ugniagesys

el cocinero
viréjas

el médico
gydytojas

el piloto
lakūnas

el jardinero

sodininkas

el carpintero

stalius

la costurera

siuvéja

el juez

teiséjas

el farmacéutico

chemikas

el actor

aktorius

| el conductor de autobús | el taxista | el pescador |
| autobuso vairuotojas | taksi vairuotojas | žvejys |

| la señora de la limpieza | el techador | el camarero |
| valytoja | stogdengys | padavėjas |

| el cazador | el pintor | el panadero |
| medžiotojas | dailininkas | kepėjas |

| el electricista | el obrero | el ingeniero |
| elektrikas | statybininkas | inžinierius |

| el carnicero | el fontanero | el cartero |
| mėsininkas | santechnikas | paštininkas |

el soldado

kareivis

el arquitecto

architektas

el cajero

kasininkas

el florista

gėlininkas

el peluquero

kirpėjas

el revisor

konduktorius

el mecánico

mechanikas

el capitán

kapitonas

el dentista

odontologas

el científico

mokslininkas

el rabino

rabinas

el imán

imamas

el monje

vienuolis

el sacerdote

kunigas

las herramientas
įrankiai

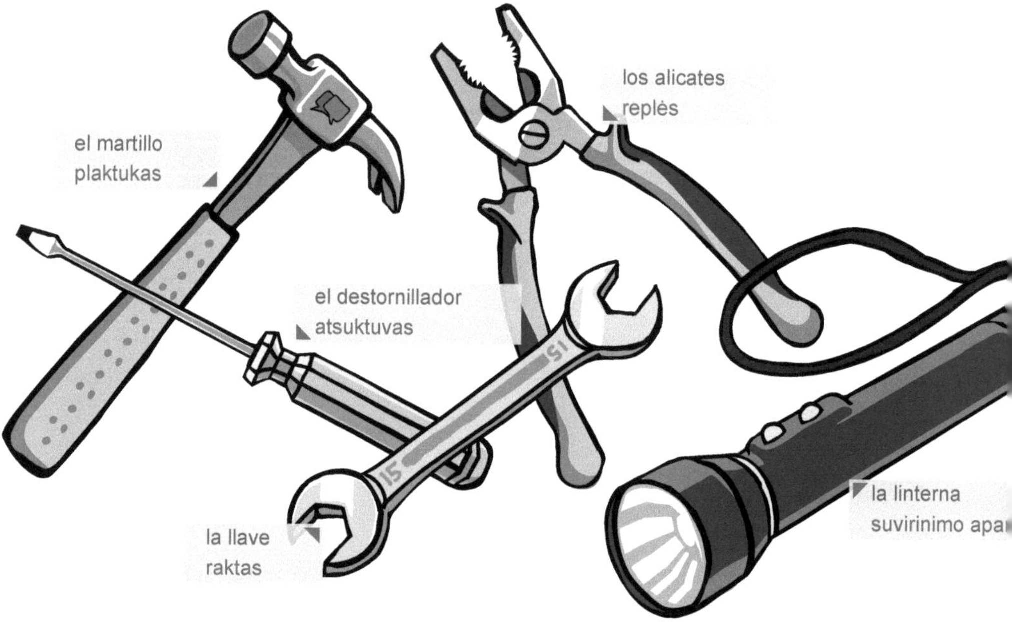
los alicates
replės
el martillo
plaktukas
el destornillador
atsuktuvas
la linterna
suvirinimo apa
la llave
raktas

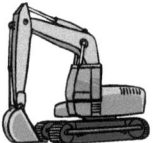

la excavadora

ekskavatorius

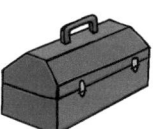

la caja de herramientas

įrankių dėžė

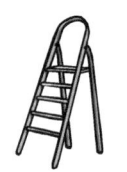

la escalera de mano

kopėčios

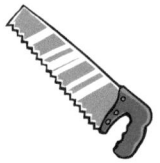

la sierra

pjūklas

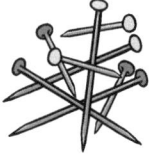

los clavos

vinys

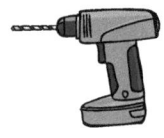

el taladro

grąžtas

reparar
taisyti

la pala
kastuvas

¡Maldita sea!
Velniava!

el recogedor
semtuvėlis

el bote de pintura
dažų skardinė

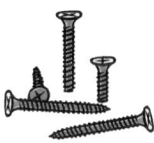

los tornillos
varžtai

los instrumentos musicales
muzikos instrumentai

la batería
būgnų rinkinys

el altavoz
garsiakalbis

la guitarra
gitara

el contrabajo
kontrabosas

la trompeta
trimitas

el piano

pianinas

el violín

smuikas

bajo

bosinė gitara

los timbales

timpanas

el tambor

būgnai

el teclado

sintezatorius

el saxofón

saksofonas

la flauta

fleita

el micrófono

mikrofonas

el zoo

zoologijos sodas

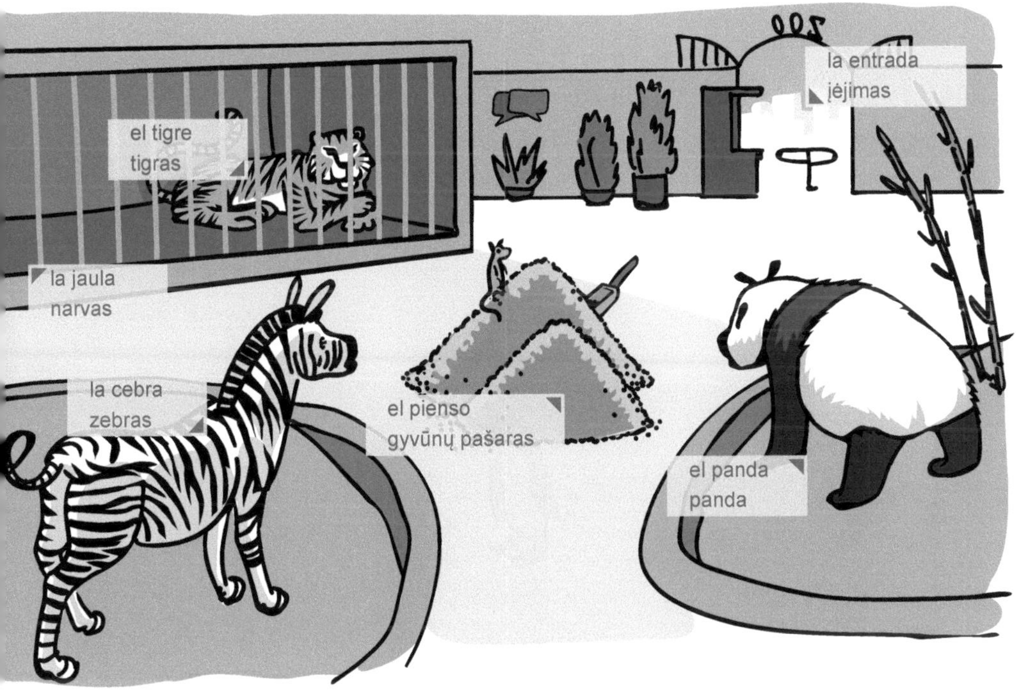

la entrada
įėjimas
el tigre
tigras
la jaula
narvas
la cebra
zebras
el pienso
gyvūnų pašaras
el panda
panda

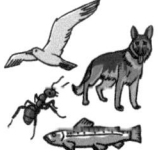

los animales
gyvūnai

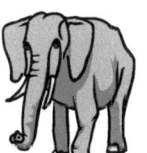

el elefante
dramblys

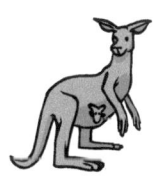

el canguro
kengūra

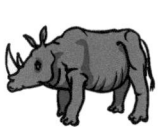

el rinoceronte
raganosis

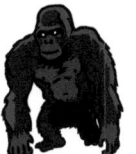

el gorila
gorila

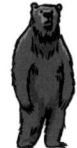

el oso
meška

el camello

kupranugaris

el avestruz

strutis

el león

liūtas

el mono

beždžionė

el flamingo

flamingas

el loro

papūga

el oso polar

baltoji meška

el pingüino

pingvinas

el tiburón

ryklys

el pavo real

povas

la serpiente

gyvatė

el cocodrilo

krokodilas

el guardián de zoológico

zoologijos sodo prižiūrėtojas

la foca

ruonis

el jaguar

jaguaras

el zoo - zoologijos sodas

el poni
ponis

el leopardo
leopardas

el hipopótamo
begemotas

la jirafa
žirafa

el águila
erelis

el jabalí
šernas

el pescado
žuvis

la tortuga
vėžlys

la morsa
vėplys

el zorro
lapė

la gacela
gazelė

el fútbol americano
amerikietiškas futbolas

el ciclismo
dviračių sportas

el tenis
tenisas

el baloncesto
krepšinis

la natación
plaukimas

el boxeo
boksas

el hockey sobre hielo
ledo ritulys

el fútbol
futbolas

el bádminton
badmintonas

el atletismo
atletika

el balonmano
rankinis

el esquí
slidinėjimas

el polo
polas

las actividades
užsiėmimai

reír
juoktis
saltar
šokinėti
abrazar
apkabinti
caminar
vaikščioti
cantar
dainuoti
soñar
svajoti
rezar
melstis
besar
bučiuoti

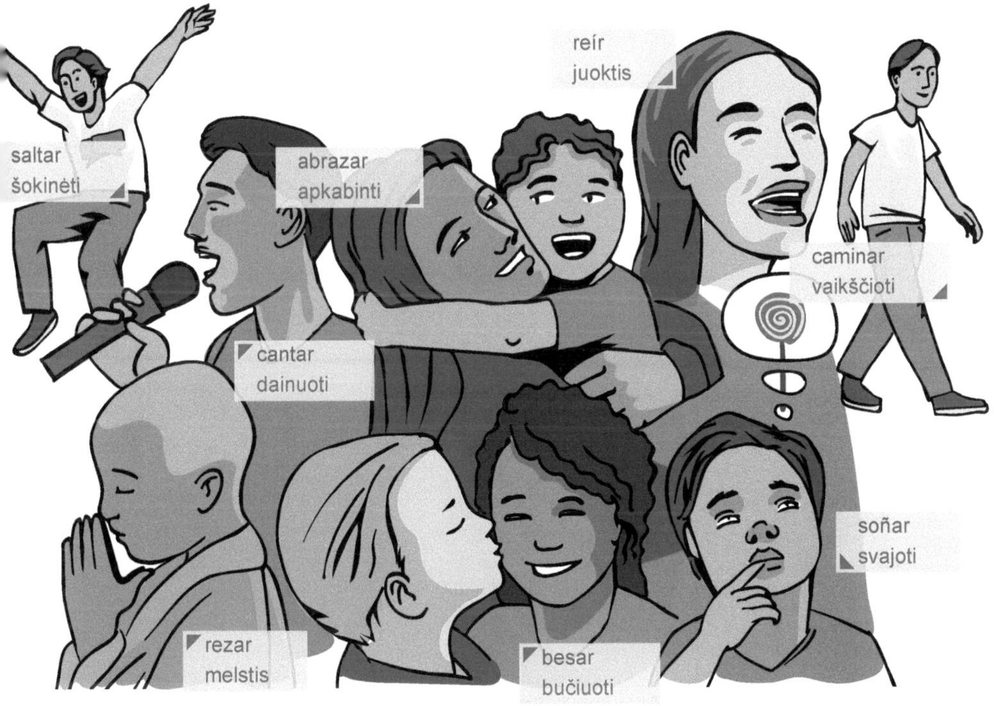

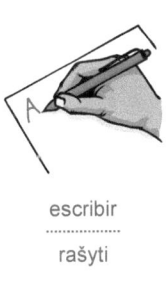

escribir

rašyti

dibujar

piešti

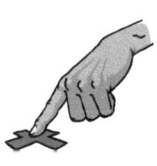

mostrar

rodyti

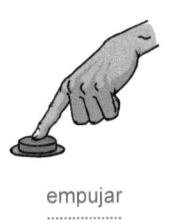

empujar

stumti

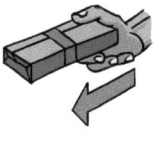

dar

duoti

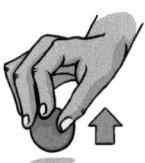

tomar

imti

tener
....
turėti

hacer
....
daryti

ser
....
būti

estar de pie
....
stovėti

correr
....
bėgti

tirar
....
traukti

tirar
....
mesti

caer
....
kristi

yacer
....
meluoti

esperar
....
laukti

llevar
....
nešti

estar sentado
....
sėdėti

vestirse
....
rengtis

dormir
....
miegoti

despertar
....
pabusti

mirar
žiūrėti

llorar
verkti

acariciar
glostyti

peinar
šukuoti

hablar
kalbėti

entender
suprasti

preguntar
paklausti

escuchar
klausytis

beber
gerti

comer
valgyti

ordenar
tvarkytis

amar
mylėti

cocinar
gaminti

conducir
vairuoti

volar
skristi

las actividades - užsiėmimai

navegar
buriuoti

calcular
skaičiuoti

leer
skaityti

aprender
mokytis

trabajar
dirbti

casarse
vesti

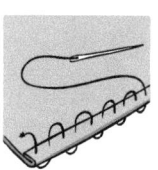

coser
siūti

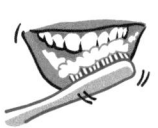

cepillarse los dientes
valytis dantis

matar
žudyti

fumar
rūkyti

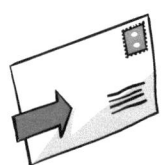

enviar
siųsti

la familia
šeima

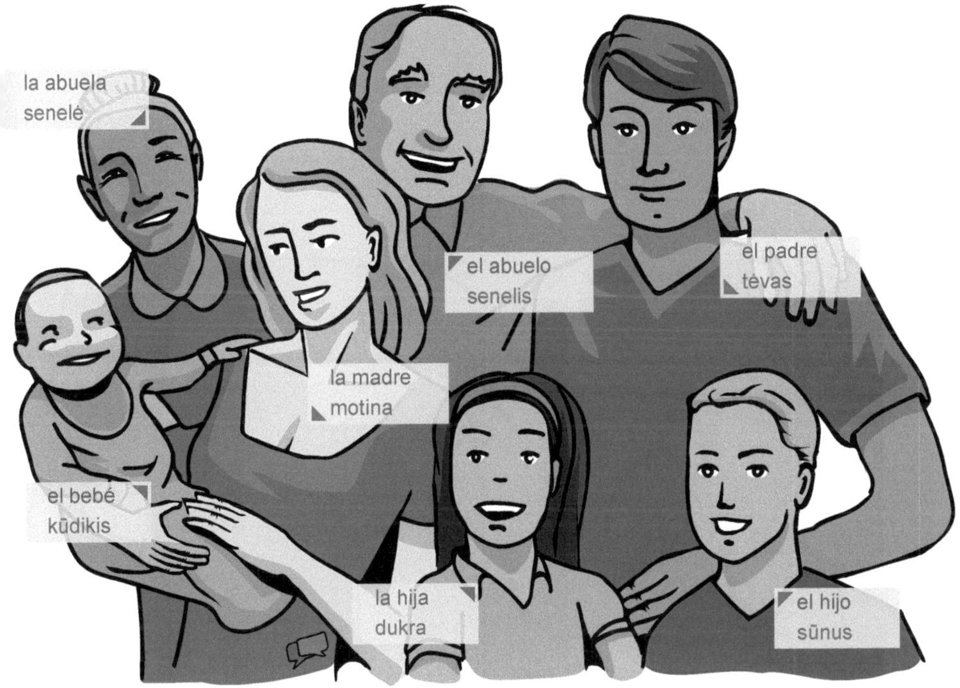

la abuela
senelė
el abuelo
senelis
el padre
tėvas
la madre
motina
el bebé
kūdikis
la hija
dukra
el hijo
sūnus

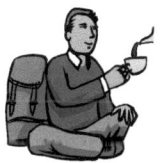

el invitado

svečias

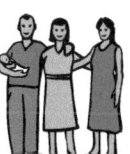

la tía

teta

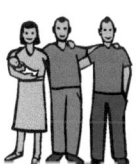

el tío

dėdė

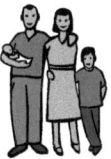

el hermano

brolis

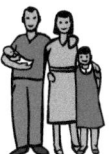

la hermana

sesuo

el cuerpo
kūnas

la frente
kakta
el ojo
akis
el hombro
petys
el dedo
pirštas
la cara
veidas
la barbilla
smakras
la mano
plaštaka
la pierna
koja
el pecho
krūtinė
el brazo
ranka

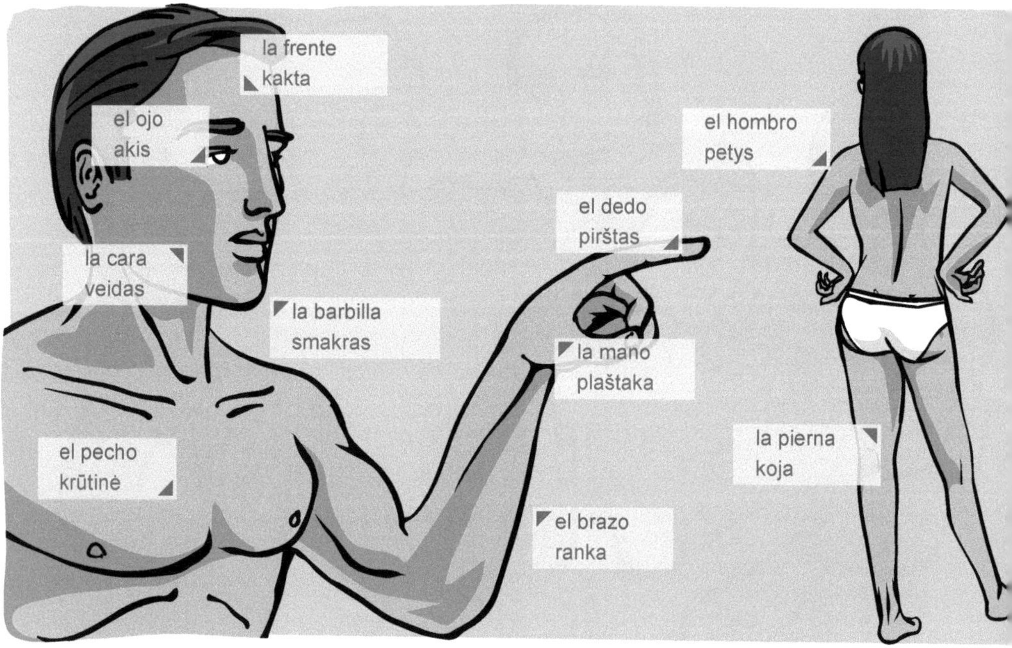

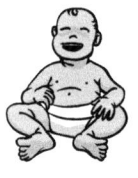

el bebé
kūdikis

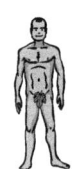

el hombre
vyras

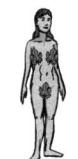

la mujer
moteris

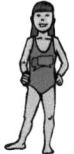

la chica
mergaitė

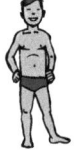

el chico
berniukas

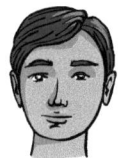

la cabeza
galva

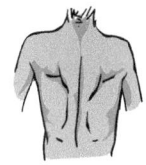

la espalda

nugara

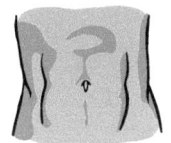

el vientre

pilvas

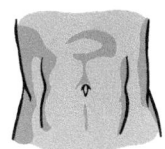

el ombligo

bamba

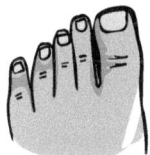

el dedo del pie

kojos pirštas

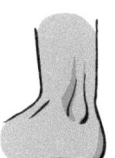

el talón

kulnas

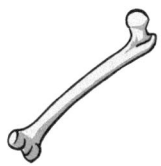

el hueso

kaulas

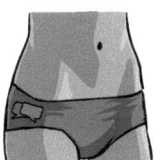

la cadera

klubas

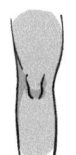

la rodilla

kelis

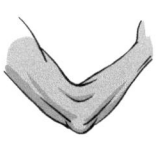

el codo

alkūnė

la nariz

nosis

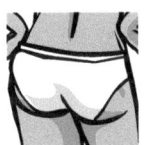

el trasero

sėdmenys

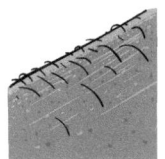

la piel

oda

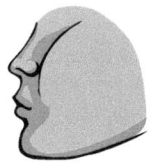

la mejilla

skruostas

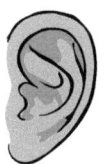

el oído

ausis

el labio

lūpa

la boca

burna

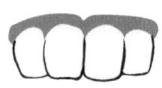

el diente

dantis

la lengua

liežuvis

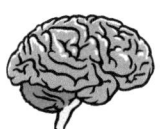

el cerebro

smegenys

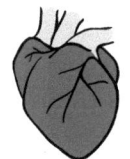

el corazón

širdis

el músculo

raumuo

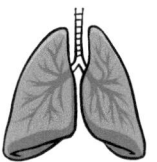

el pulmón

plaučiai

el hígado

kepenys

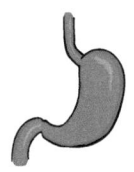

el estómago

skrandis

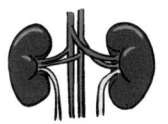

los riñones

inkstai

el sexo

seksas

el condón

prezervatyvas

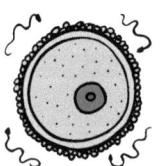

el ovario

kiaušialąstė

el semen

sperma

el embarazo

nėštumas

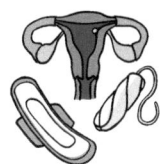

la menstruación

menstruacijos

la vagina

makštis

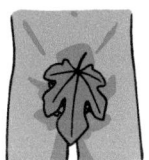

el pene

varpa

la ceja

antakis

el pelo

plaukai

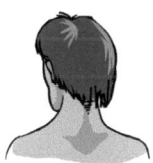

el cuello

kaklas

el hospital
ligoninė

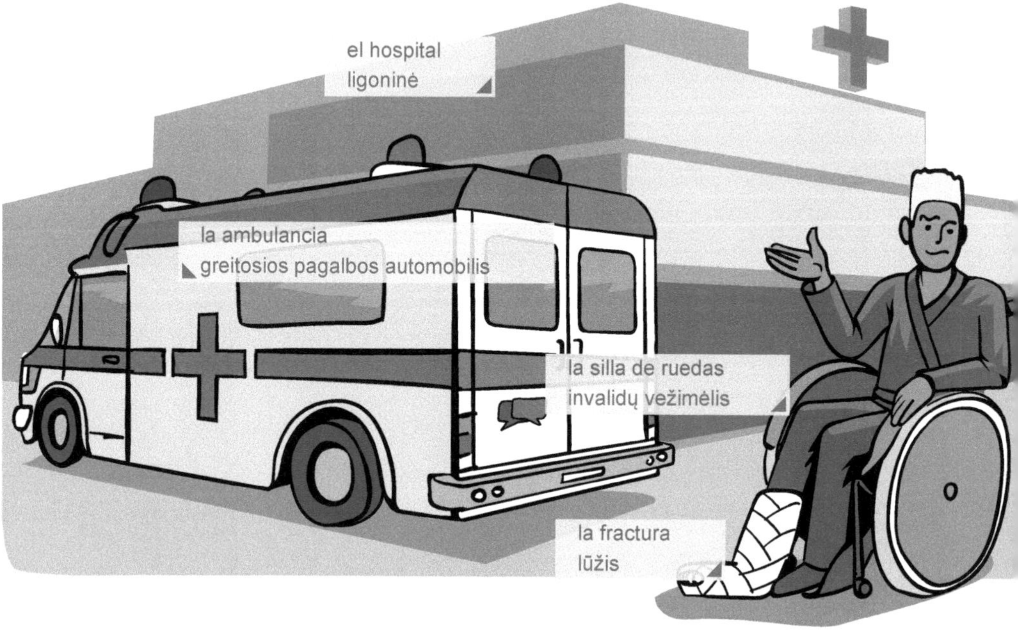

el hospital
ligoninė
la ambulancia
greitosios pagalbos automobilis
la silla de ruedas
invalidų vežimėlis
la fractura
lūžis

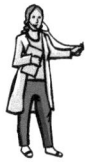

el médico
gydytojas

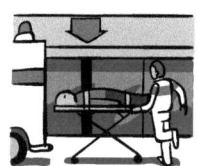

la sala de urgencias
skubios pagalbos skyrius

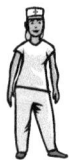

la enfermera
slaugytoja

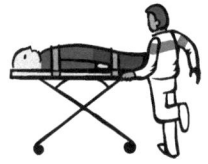

la urgencia
nelaimingas atsitikimas

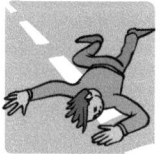

inconsciente
be sąmonės

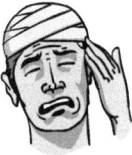

el dolor
skausmas

la lesión

sužalojimas

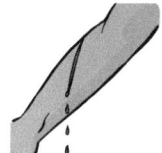

la hemorragia

kraujavimas

el infarto

širdies smūgis

el ictus

insultas

la alergia

alergija

la tos

kosulys

la fiebre

karščiavimas

la gripe

gripas

la diarrea

viduriavimas

el dolor de cabeza

galvos skausmas

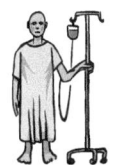

el cáncer

vėžys

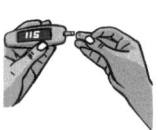

la diabetes

diabetas

el cirujano

chirurgas

el bisturí

skalpelis

la operación

operacija

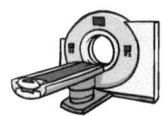

TAC

KT

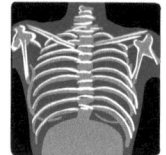

los rayos x

rentgenas

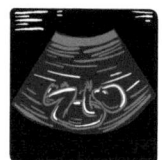

el ultrasonido

ultragarsas

la mascarilla

veido kaukė

la enfermedad

liga

la sala de espera

laukiamasis

la muleta

ramentas

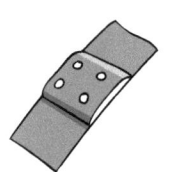

la tirita

gipsas

la venda

tvarstis

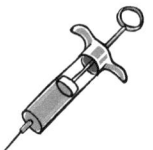

la inyección

injekcija

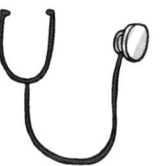

el estetoscopio

stetoskopas

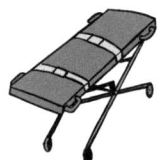

la camilla

neštuvai

el termómetro

termometras

el nacimiento

gimimas

el sobrepeso

antsvoris

el audífono

klausos aparatas

el desinfectante

dezinfekavimo priemonė

la infección

infekcija

el virus

virusas

VIH / SIDA

ŽIV / AIDS

la medicina

vaistas

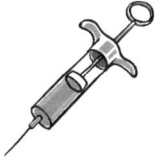

la vacunación

skiepijimas

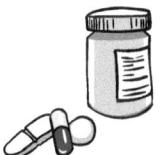

las tabletas

tabletės

la pastilla

piliulė

la llamada de urgencia

kubios pagalbos numeris

el tensiómetro

kraujospūdžio matuoklis

enfermo / sano

ligotas / sveikas

¡Socorro!

Padėkite!

la alarma

pavojaus signalas

el asalto

užpuolimas

el ataque

ataka

el peligro

pavojus

la salida de emergencia

avarinis išėjimas

¡Fuego!

Gaisras!

el extintor de incendios

gesintuvas

el accidente

nelaimingas atsitikimas

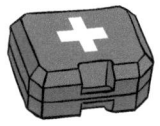

el botiquín de primeros auxilios

pirmosios pagalbos rinkinys

SOS

SOS

la policía

policija

Europa

Europa

Norteamérica

Šiaurės Amerika

Sudamérica

Pietų Amerika

África

Afrika

Asia

Azija

Australia

Australija

el atlántico

Atlanto vandenynas

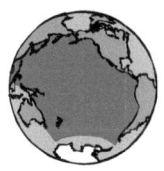

el Pacífico

Ramusis vandenynas

el Océano Índico

Indijos vandenynas

el Océano Antártico

Pietų vandenynas

el Océano Ártico

Arkties vandenynas

el polo norte

Šiaurės ašigalis

el polo sur

Pietų ašigalis

La Antártida

Antarktida

la tierra

Žemė

la tierra

sausuma

el mar

jūra

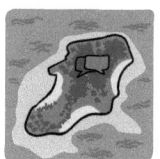

la isla

sala

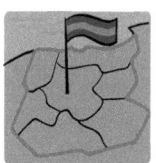

la nación

tauta

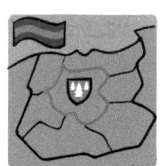

el estado

valstybė

la esfera

ciferblatas

la manecilla de las horas

valandinė rodyklė

el minutero

minutinė rodyklė

el segundero

sekundinė rodyklė

¿Qué hora es?

Kiek valandų?

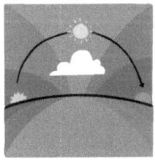

el día

diena

el tiempo

laikas

ahora

dabar

el reloj digital

skaitmeninis laikrodis

el minuto

minutė

la hora

valanda

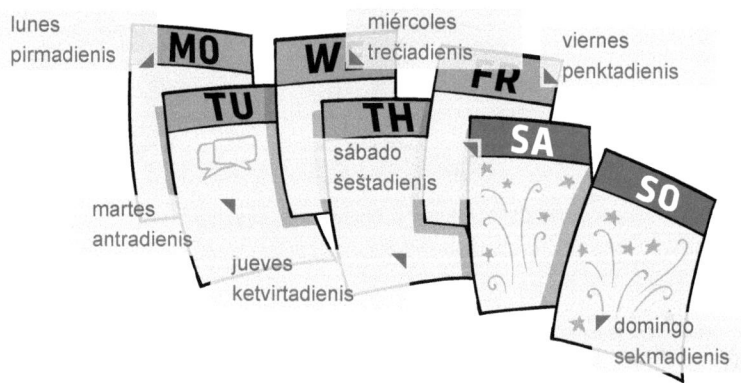

lunes
pirmadienis

miércoles
trečiadienis

viernes
penktadienis

sábado
šeštadienis

martes
antradienis

jueves
ketvirtadienis

domingo
sekmadienis

ayer

vakar

hoy

šiandien

mañana

rytoj

la mañana

rytas

el mediodía

vidurdienis

la tarde

vakaras

MO	TU	WE	TH	FR	SA	SU
1	2	3	4	5	6	7
8	9	10	11	12	13	14
15	16	17	18	19	20	21
22	23	24	25	26	27	28
29	30	31	1	2	3	4

los días laborables

darbo dienos

MO	TU	WE	TH	FR	SA	SU
1	2	3	4	5	6	7
8	9	10	11	12	13	14
15	16	17	18	19	20	21
22	23	24	25	26	27	28
29	30	31	1	2	3	4

el fin de semana

savaitgalis

el año
metai

la lluvia
lietus
el arcoíris
vaivorykštė
el viento
vėjas
la nieve
sniegas
la primavera
pavasaris
el verano
vasara
el otoño
ruduo
el invierno
žiema

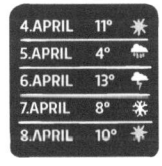

4.APRIL 11°
5.APRIL 4°
6.APRIL 13°
7.APRIL 8°
8.APRIL 10°

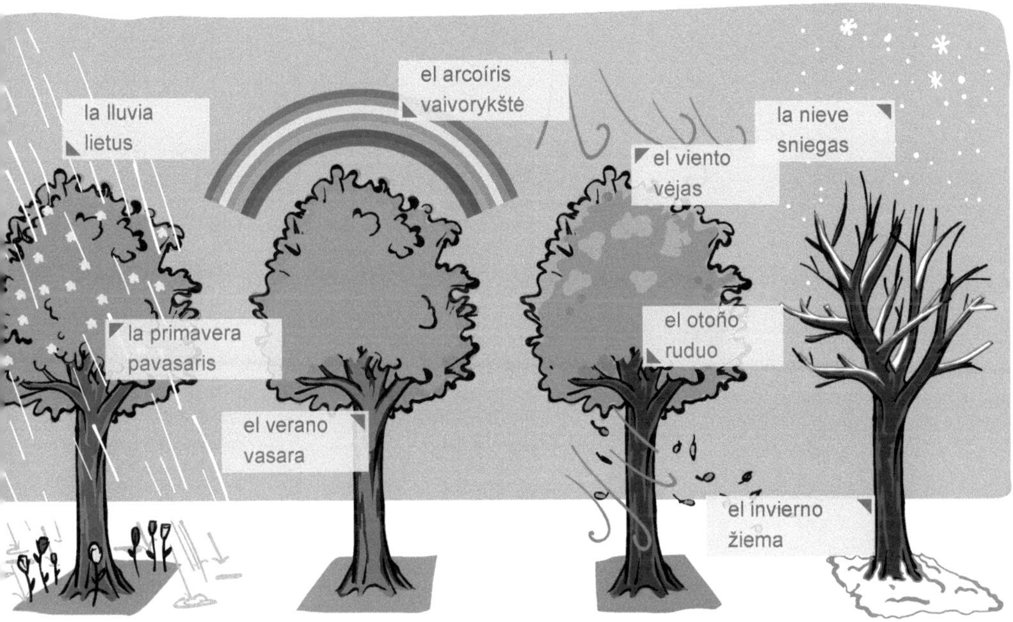

el pronóstico del tiempo

orų prognozė

F C
120 40
90 30
60 20
30 10
0 0
-30 10
-20

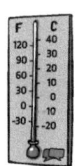

el termómetro

lauko termometras

el sol

saulės šviesa

la nube

debesis

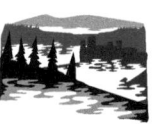

la niebla

rūkas

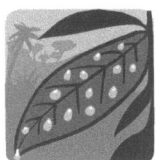

la humedad

drėgmė

el rayo

žaibas

el trueno

griaustinis

la tormenta

audra

el granizo

kruša

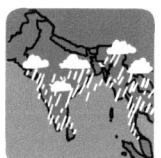

el monzón

musonas

la inundación

potvynis

el hielo

ledas

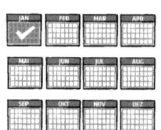

enero

sausis

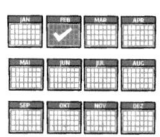

febrero

vasaris

marzo

kovas

abril

balandis

mayo

gegužė

junio

birželis

julio

liepa

agosto

rugpjūtis

el año - metai

septiembre
rugsėjis

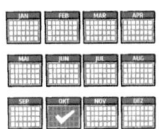

octubre
spalis

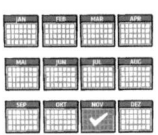

noviembre
lapkritis

diciembre
gruodis

las formas
formos

el círculo
apskritimas

el cuadrado
kvadratas

el rectángulo
stačiakampis

el triángulo
trikampis

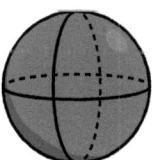

la esfera
sfera

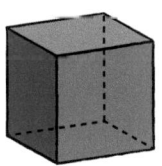

el cubo
kubas

blanco
balta

amarillo
geltona

anaranjado
oranžinė

rosa
rožinė

rojo
raudona

morado
violetinė

azul
mėlyna

verde
žalia

marrón
ruda

gris
pilka

negro
juoda

mucho / poco
daug / mažai

enojado / tranquilo
piktas / ramus

bonito / feo
gražus / bjaurus

principio / fin
pradžia / pabaiga

grande / pequeño
didelis / mažas

claro / oscuro
šviesus / tamsus

el hermano / la hermana
brolis / sesuo

limpio / sucio
švarus / purvinas

completo / incompleto
užbaigtas / neužbaigtas

el día / la noche
diena / naktis

muerto / vivo
miręs / gyvas

ancho / estrecho
platus / siauras

comestible / no comestible

valgomas / nevalgomas

malo / amable

piktas / malonus

entusiasmado / aburrido

linksmas / nuobodus

gordo / delgado

storas / plonas

primero / último

pirmiausia / paskiausia

el amigo / el enemigo

draugas / priešas

lleno / vacío

pilnas / tuščias

duro / blando

kietas / minkštas

pesado / ligero

sunkus / lengvas

el hambre / la sed

alkis / troškulys

enfermo / sano

ligotas / sveikas

ilegal / legal

nelegalus / legalus

inteligente / tonto

protingas / kvailas

izquierda / derecha

kairė / dešinė

cerca / lejos

arti / toli

los opuestos - priešingos reikšmės žodžiai

nuevo / usado

naujas / naudotas

nada / algo

niekas / kažkas

viejo / joven

senas / jaunas

encendido / apagado

įjungta / išjungta

abierto / cerrado

atidaryta / uždaryta

silencioso / ruidoso

tylus / garsus

rico / pobre

turtingas / vargšas

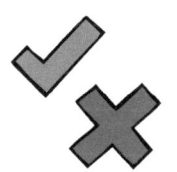

correcto / incorrecto

teisus / neteisus

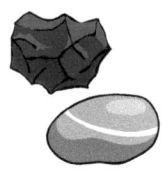

áspero / suave

šiurkštus / švelnus

triste / contento

liūdnas / laimingas

corto / largo

trumpas / ilgas

lento / rápido

lėtas / greitas

húmedo / seco

drėgnas / sausas

cálido / frío

šiltas / šaltas

guerra / paz

karas / taika

0	**1**	**2**
cero	uno	dos
nulis	vienas	du

3	**4**	**5**
tres	cuatro	cinco
trys	keturi	penki

6	**7**	**8**
seis	siete	ocho
šeši	septyni	aštuoni

9	**10**	**11**
nueve	diez	once
devyni	dešimt	vienuolika

12

doce
dvylika

13

trece
trylika

14

catorce
keturiolika

15

quince
penkiolika

16

dieciséis
šešiolika

17

diecisiete
septyniolika

18

dieciocho
aštuoniolika

19

diecinueve
devyniolika

20

veinte
dvidešimt

100

cien
šimtas

1.000

mil
tūkstantis

1.000.000

el millón
milijonas

el inglés

anglų

el inglés americano

amerikiečių anglų

el chino madarín

kinų (mandarinų)

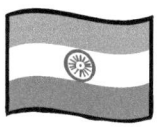

el hindi

hindi

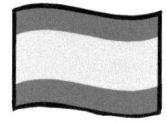

el español

ispanų

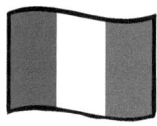

el francés

prancūzų

el árabe

arabų

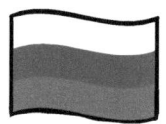

el ruso

rusų

el portugués

portugalų

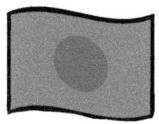

el bengalí

bengalų

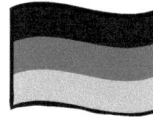

el alemán

vokiečių

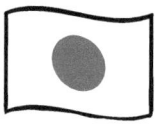

el japonés

japonų

yo

aš

tú

tu

él / ella / ello

jis / ji

nosotros/as

mes

vosotros/as

jūs

ellos/as

jie

¿quién?

kas?

¿qué?

ką?

¿cómo?

kaip?

¿dónde?

kur?

¿cuándo?

kada?

el nombre

vardas

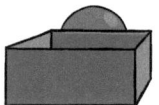

detrás

už

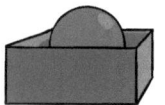

en

kur (vieta)

delante de

priešais

por encima de

virš

sobre

ant

debajo de

po

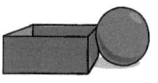

junto a

prie

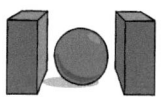

entre

tarp

el lugar

vieta